PAPAS
EL MARTES

Escrito por Dee Lillegard
Ilustrado por David McPhail
Adaptado por Mercedes Quintana Barragán

Good Year Books
Parsippany, New Jersey

El lunes repollo,

el martes papas,

el miércoles zanahorias,

el jueves tomates,

el viernes chícharos y ejotes,

y el sábado hacemos
una olla enorme de...

7

sopa de verduras.
¡Mmmm!